世界あっちこっちくらし探検

世界の人々の文化を学ぼう

文 スージー・レイ
絵 グレッグ・パプロツキ
訳 おおつか のりこ

汐文社

もくじ

はじめに･････････････････････････････････3
買(か)い物(もの)･････････････････････････････････4
外(そと)遊(あそ)び･････････････････････････････････8
通(つう)学(がく)路(ろ)･････････････････････････････････12
健(けん)康(こう)な食(しょく)事(じ)･････････････････････････････16
お手(て)伝(つだ)い･････････････････････････････････20
お正(しょう)月(がつ)･････････････････････････････････24
運(うん)動(どう)･････････････････････････････････28
自(し)然(ぜん)･････････････････････････････････32
お祭(まつ)り･････････････････････････････････36
乗(の)り物(もの)･････････････････････････････････40
窓(まど)からの景(け)色(しき)･････････････････････････44

はじめに

人や車でごったがえすベトナムの町。そのなかで人々はどんな乗り物で移動しているのでしょう。コロンビアの人は新年をどのように祝うのでしょう。フランスではどんな給食を食べているのでしょう。ページをめくると、カラフルな絵とともに、世界のさまざまな国、人、そして文化がとびだしてきます。ボルネオ島の熱帯雨林にいったり、ブラジルの町角でサッカーをしたり、美しい色がとびちるインドのお祭りをみたり、ほかにもたくさんのことがみなさんを待っています。

世界には約200の国があり、75億人がくらしています。だから、数多くのそれぞれちがったすばらしい文化があるのです。毎日、世界中の人が、思い思いのくらしをしています。世界のどこに住んでいるかによって、手伝いのしかた、通学路、買い物をする場所、それに部屋の窓からみえる景色さえちがっています。

このように、みんなが少しずつちがうから、地球はこんなにもすばらしい。世界中の人が、たがいにことなる生活をしている。それはつまり、わくわくするような新しいできごとや、すてきな人たちとの出会いがいくらでもあるということです。もし、みんながみんな同じだったら、この世界はきっとつまらない場所になってしまうでしょう。

さあ、世界中をめぐり、あらゆるところを旅しましょう。さまざまな文化をたずね、みて、きいて、においをかいで、味わいましょう。すばらしい地球のあっちこっちで。

買い物

世界のどこでくらしていても、人は食べずには生きていけません。
食料品は、すぐ近くのスーパーマーケットで買うという人もいれば、インターネットで注文する人、大きな市場まででかけていって買う人もいるでしょう。また、自分の家で野菜を育てている人もいるかもしれません。買い物は欠かせない家事ですが、売り場でいろいろな食品をみて、においをかぎ、試食するのは、心がうきたつ楽しいことでもあります。食品市場は、世界中どこでも活気にみちているし、観光客にとっては、あれこれみてまわり、自分の国にはないものを味わえる人気の場所でもあります。

✛ バザール

中東の市場は巨大で、じつにさまざまなものが売られています。なかでも多いのは、食品と衣服。トルコのイスタンブールにあるグランド・バザールとエジプシャン・バザールは、とくに有名です*。グランド・バザールのなかには通りが61本もあって、店の数は4000以上にのぼります。鼻をくすぐる何種類ものスパイスがならぶ屋台には、おもわず目をうばわれてしまいます。

*トルコ語ではグランド・バザールは「カパル・チャルシュ」、エジプシャン・バザールは「ムスル・チャルシュ」という。

✛ 市場

アメリカのシアトル、タイのバンコク、トルコのイスタンブール……食料品を売る市場は世界中にあります。売り手は屋台をきれいに整えていろいろな商品をならべ、買い手は屋台をあちこちのぞいて必要なものを手にいれます。果物、肉、花、服、敷き物、スパイス……世界中の市場をのぞいてみれば、ありとあらゆるものがみつかります。スペインのバルセロナにあるラ・ボケリア市場では、地元の新鮮な食料品が、タイのバンコクにあるチャトゥチャック・ウイークエンド・マーケットでは、おいしいタイ料理に、あざやかな色の服、それに家具までならんでいます。

❖ スーパーマーケット

ヨーロッパや北アメリカの国、それに日本でも、多くの人がスーパーマーケットで食料品を買っています。スーパーではひとつの店でたいていのものがそろうし、棚にずらりとならぶなかから選ぶことができるのです。そのため、商品はぱっと目につき買いたくなるような、カラフルな箱やふくろにはいっています。最近は、インターネット注文で家まで届けてもらえるので、買い物にあまりでないという人もふえました。

❖ 移動販売

町から遠い地域には店や市場がありません。ペルーなど南アメリカの国では、農家の人が自分でつくったものを荷車につんで売りあるきます。1週間、ときには数週間にいちどしか売りにこない地域の人は、何日も先のことまで計画して買い物をしないといけません。山村に住む人たちのなかには、自分で育てたものを食べ、家畜から食品や乳を得ている人も多くいます。

買い物

北アメリカ

北アメリカでは多くの人が食料品をスーパーマーケットで買っています。広い店内には、新鮮な果物や野菜から調理ずみの食品まで、いろいろなものがそろっています。

店内をまわり、ほしいものをかごやカートにいれていく。

冷凍庫や冷蔵庫にはいっていれば、肉や乳製品も新鮮なまま。

大きなスーパーには食料品でない商品も多くならぶ。生活用品、雑誌のほか、本やコンピューター機器まで売られている。

棚にならんだ商品から必要なものを選びレジで会計する。

買い物

インドネシア

インドネシアには、川をにぎわす水上マーケットがあります。自分でつくった花、果物、野菜、食品を船で売りにくるのです。

インドネシア、タイ、ベトナムの水上マーケットは観光客に大人気。

水上マーケットではくらしに必要なものを買って売って、交換することができる。

もの売りのボートが一列につながって、大きな船に引かれてくるのも見もののひとつ。

外遊び

どの国でも、子どもは外で遊ぶのが大好き。都会でもいなかでも、みんな風のなかで走りまわっています。遊具つきの公園は世界のあちこちにありますが、なにもない場所でも、友だちがいれば、そこはもう遊び場です。暑い国と寒い国のアウトドアスポーツがまったくちがうように、外でなにをして遊ぶかは住む場所によってちがってきます。でも、どこにいようと外遊びは楽しいものです。

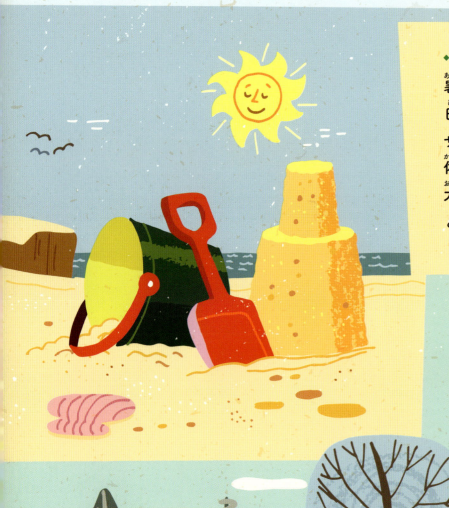

❖ 暑い国の遊び

暑い国では外で遊べる時間がたっぷりありますが、強い日ざしには要注意。メキシコの子どもたちは、ビーチでサッカーなどをして遊んだあと、海でおよいでほてった体をひやします。インドネシアやアラブ首長国連邦には大きなウォーターパークがあり、すずしく楽しく遊ぶことができます。

❖ 寒い国の遊び

カナダの冬はかなりの寒さになりますが、それでもみんな外で遊びます。おとなにも子どもにも人気なのがアイスホッケー。こおった池や湖の上でプレイします。フィンランドやスウェーデンの人たちも、雪やこおりはお手のもの。子どものうちからスキーをはじめる人がたくさんいます。

❖ 公園

たいていの国では、緑あふれる広い公園がいこいの場になっています。スウェーデンの首都、ストックホルムでは、都市の中心に国立公園があります。散歩しながらブルーベリーをつむことができるし、ときにはシカにあうこともあるのです。アメリカ、ニューヨークにあるセントラルパークは、大都会のなかにある大きな公園です。湖がありスポーツもできるうえ、動物園まであるのです。

❖ 家のまわり

家のまわりなら、すぐに集まって遊べます。ブラジルの子どもは、道でサッカーをします。オランダの子どもは、近所に自転車で集まって遊びます。オーストラリア、アメリカ、イギリスでは、緑がしげる家の庭で安心して遊ぶことができます。

❖ 校外授業

外で遊ぶと楽しいだけでなく、自然からいろいろなことを教えてもらえます。たいていの学校では休み時間に外にでて遊べるし、学校の外で授業をすることもあります。デンマークなどのスカンジナビアの国々には「自然学校」とよばれる校外授業があります。

外遊び

ノルウェー

ノルウェーの人は外で遊ぶ時間をとても大切にしています。
子どもは家でも学校でも外でよく遊びます。
寒い期間が長く、冬はきびしくひえこみますが、
服を着こみあたたかくして、雪のなかで遊んでいます。

ノルウェーは
山が多いので、
スキーやスノーボードが
人気。

「自然学校」の授業は
すべて外で行う。

小さなころにスキーを
はじめる人が多い。
そのため、雪のなかでも
自由に動きまわることができる。

通学路

住む場所によって通学のしかたはさまざま。
少し歩くかバスに乗るかすれば学校についてしまう人は、めぐまれています。
世界には、いちばん近い学校でさえ、何キロも先にあるという人がたくさんいるのです。
ふだんは学校のなかや近くにある学校の寮に住んで、
長い休みのときだけ遠くにある自分の家に帰る人もいます。
世界をみわたせば、ちょっとかわったおもしろい方法で通学している人がいます。

❖ けわしい通学路

中国のグル村の子どもは、ヒマラヤ山脈を5時間歩いて学校にいきます。長くけわしい通学路です。インドネシアのリアウ州には、カヌーで学校にいく人がいます。インドの地方では学校がかなり遠くにあることが多く、通学に馬車を使うこともあります。

❖ 自転車バス

フランスとオランダには、みんなでそろって学校にいける自転車バスがあります。おとながかじをとり、みんなで自転車のようにペダルをこぐという、すごいアイデアの乗り物です。オランダの人は、健康をとても大切にします。自転車バスなら体をきたえられるし、バスや車よりもずっと環境にやさしく登校できるのです。

❖ ロープウェイ

ベネズエラのカラカスには、町のはるか上空をロープウェイで通学する人がいます。これなら、急なさか道を登りおりすることなく安全に通学できるのです。高いところから町のぜんたいをみおろせば、すばらしい景色が目にとびこんできます。

❖ バスや車

通学には公共の乗り物も使われます。北アメリカでは、明るい黄色のスクールバスに乗って登校する人が多くいます。家の人に送ってもらったり、近所の友だちと乗りあわせたりして、車で学校にいく人もいます。

❖ 歩く

世界には歩いて通学する人もたくさんいます。ガーナでは、暑い砂漠を何キロも歩いて学校にいきます。イギリスには通学を見守る「ロリポップさん」がいます。ロリポップキャンディのような形の大きな看板で車をとめ、道路を安全にわたらせてくれる人です。

健康な食事

健康な食生活に必要なのは、よい食品選び。食品は栄養素をもとにおもに炭水化物、タンパク質、野菜と果物、脂質という4つのグループに分けられます。それぞれのグループから、かたよりなく食べることが大切です。

国がちがえば、食べるものもちがってくるもの。アメリカ、オーストラリア、カナダの都市部では、原材料に手を加えた食品と、砂糖を多く使った食品がよく食べられています。それにひきかえアジア、アフリカ、南アメリカの地方では、食品にあまり手を加えることはありません。

炭水化物

質のいい炭水化物をふくむのは、米、果物、マメ類、イモ類、全粒穀物。これらは、体にエネルギーをあたえてくれる食品です。米を主食とする日本人は、アメリカ人とくらべて、炭水化物をとる割合が高く、そのぶん脂質の割合が少なくなっています。

野菜と果物

ビタミンや、体に必要な栄養がとれるので、野菜と果物を食べるのはとてもいいことです。世界の人の健康を考える組織WHOは、野菜や果物を1日に少なくとも400グラムはとることをすすめています。作物を自分で育てている農村の人は、都市部の人よりも多くの野菜や果物を食べています。

タンパク質

タンパク質は、筋肉や骨をつくるために欠かせない栄養素です。肉、魚、卵、ナッツ類はタンパク質を多くふくみます。アメリカとオーストラリアは肉をたくさん食べる国で、タンパク質を多くとっています。宗教、文化、経済などの理由から、インドとバングラデシュでは、タンパク質をとる量がほかの国より少なくなっています。

脂質

多くの国で脂質のとりすぎはいけないといわれています。けれども、脂質はエネルギーのもととしてあるていどは必要なのです。質のよい脂質は、オリーブオイル、ナッツ類、アボカド、魚などにふくまれます。牛乳やチーズ、甘いお菓子からもとれますが、食べすぎには要注意。アジアの国では、欧米ほどは牛乳やチーズを飲んだり食べたりはしません。

健康な食事

世界の給食

学校でどんな給食を食べていますか？ 多くの国で学校給食は、その日のぶんの栄養をきちんととるための大切な食事とされています。

コロンビア、スウェーデン、イギリスのスコットランドなどでは、国がすべて、または一部の人のために給食の費用をだしています。いっぽうで、学校におべんとうをもっていくか、昼ごはんを自分で買うという国もたくさんあります。

カナダ
カナダでは学校におべんとうをもっていきます。なかみは、たいていがサンドイッチと飲み物、それに果物やポテトチップスなど。

イギリス
イギリスの給食は、たいてい肉と野菜を使った料理で、飲み物は牛乳かジュースか水。これにあまいデザート、果物、ヨーグルトなどがつきます。

フィンランド
フィンランドの給食は、国が費用をだしていて、栄養たっぷり。あたたかな料理がメインで、それに野菜料理、パン、牛乳、水がつきます。

韓国
韓国では先生もみんなとおなじ給食を食べます。たいていはごはんとスープ、それにパンチャンが数品。パンチャンとはキムチ、のり、ミックスベジタブルなどのおかずのことです。

南アフリカ
授業が昼すぎにおわる学校では、昼ごはんは、家に帰って食べるか、学校の近くにある屋台で買って食べることになっています。このごろは給食がでる学校もふえています。

タイ
タイの学校では、食べるまえに、両手を合わせおじぎをする「ワイ」といわれるあいさつをします。メニューはごはん、スープ、野菜料理、そして果物と牛乳または水です。

フランス
フランスの給食は3品のコースで、ときに4品のこともあります。どれもタンパク質と野菜を組みあわせた健康的な料理で、それにパンとバターがつきます。

インド
インドではすべての公立学校で給食が無料で食べられます。メニューはカレーとチャパティ、野菜、地元産の穀物。地元産の作物を使うことで地域をささえ、地域のしきたりを守っていくことができるのです。

ブラジル
ブラジルでは給食の材料のほとんどは、地元の農家が育てたもの。学校に農場があり、自分たちが食べる野菜や果物を育てる手伝いをすることもあります。

シンガポール
シンガポールでは、給食に好きなものを選べる学校もあります。食堂がフードコートのようになっていて、さまざまな料理が用意されているのです。

お手伝い

料理、そうじ、食料品の買い物から、水くみ、小さな子のせわまで、家の仕事はいくらでもあります。どの国でも、家事を家族で分担し、子どもはそれぞれのやりかたで手伝います。手伝いをしてこづかいをもらう人がいるいっぽう、手伝いは当たり前だと考えられている国もあるのです。

◆勉強とのバランス

中国では、子どもが手伝いをすることは、心と体をきたえるために大切だと考えられています。けれども最近では、勉強のほうを大切にする親がふえ、手伝いの時間を勉強に当てるようになりました。そのため、今の子どもは親が子どものころよりも、手伝いをしなくなっています。

◆自分の時間

イギリスは、世界の国々のなかで、子どもが手伝いをする時間がいちばん少ない国です。親が、子どもは自由に時間を使い、のんびりしたり、遊んだり、友だちや社会とかかわったりするべきだと考えているのです。

◆男女の差

ほとんどの国では、女子のほうが男子よりも家の手伝いを多くしています。インドでは、小さなころから女子ならたいてい家の仕事をして、男子は外で働きお金をかせぐことが当たり前とされています。

❖ 学校でも

日本の子どもは自分たちで教室やろうかをそうじします。ほとんどの学校には、そうじをする職員がいません。

❖ 法の定め

手伝いはよいことですが、スペインではそれが法律でも定められています。2014年に「子どもは宿題と手伝いをして両親を尊敬しなければいけない」という法律ができました。おとなにもおなじことがいえます。スペインの結婚誓約書には、「夫婦は家事を平等に分担する」と書いてあるのです。

❖ 1日がかりの家事

国によっては、家事がとても大切な仕事で、そのために学校を休む人もいます。とくに女子に多くみられることです。ケニアでは、水くみ、そうじ、料理、弟や妹のせわなどの手伝いに、6時間もかかることがあります。

お手伝い
ベルギー

ベルギーでは、ほとんどの家が共働き。
子どもは学校から帰ったら家の仕事をするのが
当たり前とされています。

手伝いを
するかわりに
親からこづかいを
もらう人が多い。

料理、皿洗い、自分の部屋のそうじ、
ペットのせわなどをする。

お正月

世界には、日本人をはじめとして新年を祝う人たちがたくさんいます。新年は新しいことのはじまり。いやなことは古い年においてきて、これからくる年にいいことがありますようにとみんなで願います。心をいれかえようと、目標をたてる人もいます。大晦日の夜は、みんながおそくまでおきていて、時計が真夜中の12時をつげると同時に新しい年を祝います。

ほとんどの国では、1年のはじまりは世界でいちばん多く使われているグレゴリオ暦の1月1日となっています。けれども、中国やタイでは、伝統の行事の日を別の暦で決めます。中国とタイの正月は、それぞれグレゴリオ暦の1月末か2月のはじめごろと、4月中ごろです。

❖ 食べものの迷信

スペインとアルゼンチンでは、時計のかねが12回打つのに合わせて、12つぶのブドウを食べます。ひとつぶずつが12の月の幸運を表しているのです。かねがなりおわるまでに、12つぶをぜんぶ食べることができれば、願いがかなうといわれています。

❖ おもしろい迷信

デンマークでは、あいての幸運を願って、友だちの家の玄関に皿をぶつけて割る習慣があります。1月1日に玄関の前で割れている陶器が多ければ多いほど、いいことがやってくるといわれているのです。

音の魔除け

花火をあげて正月を祝う国はたくさんありますが、この習慣のはじまりは中国。中国では、大きな音が魔除けになると信じられているのです。

動物の魔除け

人が動物のかっこうをすると魔除けになると信じられている国もあります。ルーマニアでは、クマの毛皮をかぶった人が、歌いおどりながら家々をまわります。中国やベトナムでは色あざやかで巨大な龍と獅子が、通りをねりあるきます。日本では獅子舞の伝統があります。

神に祈る

ナイジェリアの正月は神に心を向けるとき。人々は教会やモスクにいき、前の年に感謝しながらいのりをささげます。

冬におよぐ

ヨーロッパ各地で、正月に湖や川に集まり、つめたい水のなかでおよぐ人たちがいます。この行事はイギリスでもっともさかんですが、ポーランド、ベルギー、オランダ、ハンガリーでも行われています。

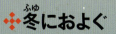

お正月
中国

中国の正月、春節を祝う大行列では、色あざやかで巨大な龍と獅子がまい福をよびこみます。

子どもはおとなから、赤いふくろにはいった利是というお年玉をもらう。

爆竹をならし、赤い服を着る。これでわざわいがにげていくとむかしの人は信じていた。

お正月
コロンビア

みんなが通りにでて新年を祝うパーティーをします。時計が真夜中の12時をつげると、古い年を表す人形を焼き、あやまちや失敗したこと、心配ごとを書いた紙を火に投げこみます。

スーツケースをもって家のなかや通りを走りまわると、新しい年に旅行に行けるといわれている。

着るもの、とくに下着に黄色いものを選ぶと、新しい年にお金がはいってくるといわれている。

運動

運動はすべての人にとって大切なこと。バランスのとれた食事と運動が、心と体を健康にたもってくれます。はるかむかしから、人間はさまざまな運動で体をきたえてきました。世界には楽しく体を動かすことができるさまざまなスポーツがあります。ランニングは心臓と肺を強くする運動で、ほかに筋肉をきたえる運動もあります。両方を組みあわせるのがよいといわれていますが、まずは好きなスポーツをみつけましょう。世界のスポーツのなかには、きっと自分にぴったりのものがあるはずです。

❖ インドのヨガ

インドに何千年も前から伝わるヨガ。さまざまなポーズをとることで、体を強くやわらかくし、気持ちを落ちつかせることができます。今では世界中で、毎日何百万もの人がヨガをしています。

❖ アジアとブラジルの武道・武術

武道・武術はアジア各国で長い歴史をもっています。日本では柔道、合気道、すもうが知られています。韓国にはテコンドー、タイにはムエタイがあります。けれども、武道・武術はアジアだけのものではありません。ブラジルでは、カポエイラという戦いとダンスを組みあわせたしなやかで力強い武術がさかんです。

28

❖ 健康を考える日本と中国

日本と中国では、朝にラジオで10分ほどの体操の番組を放送しています。ラジオ体操を毎日の日課としている会社や学校もあります。公園ではお年よりが、健康のために太極拳という武術をしている姿がみられます。

❖ ちょっとかわったスポーツ

フランスでは、パルクールというちょっとかわったスポーツが注目されました。かべやベンチなど、野外で目にはいるものをすべて道にして進むというスポーツです。スペインのカタルーニャ地方には、カステイという大きな人間の塔をつくる伝統文化があります。ささえる人もいれると、多いときには500人の人間の塔ができるのです。また、手足だけを使って岩やかべを登る「スポーツクライミング」が人気になっています。

❖ ランニング

いちばん気軽なスポーツといえばランニング。道具を使わずどこでもできます。コロンビアにあるボゴタなどの大きな都市では、日曜日に大通りで車の通行を禁止するので、安全にランニングができます。ケニアのランナーは、みんな本気です。なにしろ、世界の名だたる長距離ランナーの多くはケニア人なのですから。みんな小さなころから走りはじめ、学校への数キロの行き帰りを走っていくこともめずらしくはありません。

運動

オーストラリア

オーストラリアは晴れてあたたかい日が多いため、外でのスポーツがさかんです。テニス、クリケット、ゴルフなどが人気。この国には、太陽の下で体を動かすのにぴったりの美しいビーチがたくさんあります。

ビーチバレーボールは準備がかんたんで、たった2人から試合ができる。そのうえ、とても楽しい！

オーストラリアには美しい海が多く波が高いため、サーフィンをするのに最高の場所といわれている。

オーストラリアでとくに人気があるのはクリケットとオーストラリアンフットボール*。
*楕円形のコートで行う、サッカーとラグビーを合わせたようなスポーツ

運動

ブラジル

ブラジルでは、おとなも子どもも、だれもがサッカーに夢中。野山で、ビーチで、町のなかでと、どこででもサッカーをしています。都会では、みんなが通りでボールをけっています。

子どものころから通りでサッカーをしているおかげで、ブラジルのサッカーチームは世界一といわれている。

なにもなくてもサッカーはできる。サッカーシューズがなければはだしですればいいし、ボールがなければ空き缶をければいい。

ゴールポストがなければ、シャツ、ペットボトル、ごみの山だってゴールの目印になる。

自然

地球にはゆたかな自然があり、そのなかで生き物たちが生まれ、はぐくまれます。暑く乾燥した砂漠からこごえるほど寒い山まで、環境はさまざま。なかには、信じられないような場所でくらす動物もいます。どの植物も動物もみな、いっしょうけんめい生きているのです。
生命をはぐくむ、このすばらしい地球を守るのは、わたしたちの大切な仕事です。

島

島はまわりを海にかこまれ、ほかの地域と切りはなされているため、そこだけにすむかわった生き物がいます。マダガスカル島にいるしっぽが平たいトカゲは、体の色やもようをまわりのどんなものに合わせ、かくれることができます。この島には、フォッサという、ネコに似た気性のあらい肉食動物もいます。エクアドルのガラパゴス諸島では、運がよければガラパゴスゾウガメをみることができます。1メートルほどに成長し、長生きすれば150年も生きるカメです。

山脈

すべての大陸には山脈があり、すばらしい自然をみせてくれます。山は、ときに想像をこえる寒さになりますが、それでも負けずにすんでいる動物がいます。たとえばシロイワヤギは、しっかりした4本のあしで、きりたった崖をかるがると登ります。ネズミやリスのなかまである齧歯類のアルプスマーモットは、ヨーロッパのアルプス山脈の高い山のなかに住んでいます。こおるような寒さのなか、体によぶんな脂肪をためて体温をたもつことで生きのびているのです。

草原

草原地帯は乾燥しすぎているため、木が育つにはむいていません。でも、草がおいしげるだけの雨はふります。地域によって草原の呼びかたはさまざまで、アフリカではサバンナ、北アメリカではプレーリー、南アメリカではパンパスといわれています。草原地帯は、地球の陸地の25パーセントという広大な面積をしめています。タンザニアのセレンゲティ国立公園は、広い草原にライオン、キリン、アフリカゾウ、ヌーなどがくらす野生動物の天国です。

都会の生き物

都市に住んでいるのは人間だけではありません。世界には、人間にえさをもらったり、人間がすてたものを食べたりしながら生きる動物がいます。日本の奈良では1000頭をこえるシカが大きな公園内を歩きまわっています。南アフリカではバブーン（ヒヒ）が町なかでくらしています。ケニアの大都会のナイロビでは、ヒョウをみたという話がなんどか伝えられています。

熱帯雨林

熱帯雨林は、ものすごく暑くてじめじめしています。ほとんどの熱帯雨林では1年間に2500ミリも雨がふり、空気はいつもどろりとしめっています。それだけの水分があれば、植物はよく育ち、そのため動物は食べ物にこまりません。世界中の動植物の種類の半分以上が熱帯雨林でくらしています。南アメリカの9つの国にまたがるアマゾン熱帯雨林は世界最大。ここには、ナマケモノ、アナコンダ、コンゴウインコなどめずらしい生き物がたくさんいます。

砂漠

砂漠は地球でもっともかわいた土地です。1年間にふる雨は250ミリ以下。砂漠といえば、暑いところをおもいうかべますが、こごえる寒さの砂漠もあります。世界一広い砂漠は、南極にあるのです。暑い砂漠のなかでは、アフリカのサハラ砂漠がもっとも広く、アフリカ大陸の約$\frac{1}{3}$をしめています。きびしい環境ですが、すんでいる動物は、水がほとんどなくても生きていくことができます。

自然 ボルネオ島

東南アジアのボルネオ島の大部分は、緑したたる熱帯雨林。数えきれないほどのさまざまな生物であふれかえっています。

今、熱帯雨林は消えつつあるが、多くの人が生き物の大切なすみかを守ろうとたたかっている。

ボルネオ島は絶滅危惧種のオランウータンのふるさと。オレンジ色の毛が美しいしっぽのないサルだ。

自然 モロッコ

モロッコ南部はサハラ砂漠におおわれています。やけつくような暑さのなか、多くの動物と人間がくらしています。

砂漠に住む民族は砂漠でのくらしかたを知りつくしている。

砂漠の生き物は暑く乾燥した気候に合わせて進化した。わずかな水で生きていくために、さまざまな工夫をしている。

自然 カナダ

ロッキー山脈は、カナダからアメリカの ニューメキシコ州まで連なる、世界でも 指おりの大山脈。すばらしい自然のなかで 野生動物がくらしています。

飲み水と食べものが じゅうぶんにあるロッキー山脈は、 動物たちにとって、もうしぶんないすみかだ。

カナダに住むヘラジカのなかには、 人間の男の人が見あげるほどの 大きさになるものもいる。

自然 ペルー

ペルーにはプーナという広大な草原が ひろがっています。多くの人が、プーナの こえた土で作物と家畜を育てています。

人間が農場などに利用しようとかなりの広さの 地面を焼いたため、プーナは今、消えつつある。

お祭り

世界には何百といういろいろな祭りがあります。宗教のための祭りに、新年や春のおとずれ、国の歴史的な記念日を祝う祭り。おごそかだったり、色や光やにぎやかな音にあふれていたり。また地域ぐるみでパレードやパーティーを楽しむこともあれば、家族や大切な人たちが集まってすごすこともあります。このごろは、他の国のもっともにぎやかで楽しいときをみて、とくべつな料理を食べようと、祭りをめあてに観光をする人もいます。

❖ 感謝祭

アメリカとカナダでは、人生のよきことすべてに感謝する感謝祭があります。もともとは収穫を祝って行われていたので、この祭りでは食べ物が大切な役割をになします。

❖ 過ぎ越しの祭り

聖書の時代に、ユダヤ人がエジプトを脱出したことを記念するユダヤ教の祭り。イスラエルでは、祭りはセデルという正式な食事ではじまり、2週間つづきます。セデルでは食事のほかに、歌を歌っていのり、聖書の決められた部分を読みます。

❖ 死者の日

死者の日は、なくなった家族や友人をむかえて祝うメキシコの祭り。2日間の祭りの1日目はなくなった子どものため、2日目はなくなった大人のための日となっています。それぞれの日に、大切な人の墓を花や色紙でかざり、食べ物をそなえます。顔をペイントして大パレードをしたり、チョコレートやカラフルな砂糖でつくったずがいこつなどをおくりあったりします。

✦ ディワリ

インド、フィジーなどで祝われるヒンドゥー教の光の祭り。ネパールではティハールとよばれています。1年でもっとも夜が暗くなる時期の5日間で行われます。人々は新しい服を着て、光がやみに打ちかったことを祝い、ろうそくやランタンに火をともします。また、花火が打ちあげられ、プレゼントのこうかんが行われます。

✦ チューリップ祭り

オランダでは春にチューリップ祭りをして、色とりどりのきれいな花を楽しみます。

✦ 花見

日本では、多くの人が桜をみて春を祝います。満開の花の下でごちそうを食べながら春を楽しむのです。

37

お祭り

インド

きれいな色の服を着た人がおおぜいで通りに集まり、色の粉をぶつけあう。

色の祭りホーリーは、インドに春のおとずれをつげます。伝説がもとになって始まった祭りですが、このごろはみんなで楽しくすごす日となっています。

お祭り

イタリア

キリストの生まれた日を祝うクリスマスは、イタリアでも大切な祭りです。約1か月の間、教会にいったり、キャロルを歌ったり、家族とプレゼントをこうかんしたりして祝います。

多くの家には、キリストが生まれた降誕の場面を表した小さなおきものがある。クリスマスイブになると、ここに赤ちゃんのキリストがつけくわえられる。

お祭り
ミャンマー

ミャンマーの光の祭り、ダディンジュは雨季がおわる印です。満月の日にはじまり3日間つづく祭りのあいだ、おおぜいが町にでて祝います。

花火があがり、ろうそくをともしたランタンをバルーンのように空にあげる。

両親や先生に感謝する日でもある。

お祭り
イラン

イランでは新年の直後の火曜日の夜から水曜日の朝にかけて火祭りが行われます。チャハールシャンベ・スーリー（赤い水曜日）という祭りで赤は健康の色とされています。

ランタンをバルーンのようにとばす。

たき火をとびこえることにより前の年の病気や悲しみなどをきよめることができる。

乗り物

世界にはさまざまな乗り物があります。
その土地にいちばん合う移動のしかたが工夫されてきたのです。
都会の混雑する道では、車や人をよけなければいけません。
山のなかでは、けわしく急な道、ときには道のないところでも
進まなくてはいけません。

❖ バスや電車

ほとんどの都市には、電車、バス、路面電車が走っています。これらに乗れば、あちこちに気軽に安くいけます。イギリスのロンドンの真っ赤な二階建てバスは有名です。東京、アメリカのシカゴ、南アフリカのヨハネスブルグ、中国の北京をはじめ大都市には、地下鉄が走っています。

❖ 雪の上の乗り物

雪がふると、道路がすべりやすくなり、バスや車では走りづらくなります。そのため、寒いところに住む人々は、それぞれに合ったかしこい方法をみつけだしました。

ロシアのシベリアでは、とくべつに訓練した犬にそりを引かせ、広大な雪景色のなかを走ります。むかしは、カナダやアメリカのアラスカ州でも、郵便配達に犬ぞりを使っていました。

アメリカのミネソタ州では、登校にスノーモービルを使っています。ノルウェーでは、スキーをはいて学校にいきます。

❖ 自転車タクシー

インドやベトナムなどアジアの多くの国では、リキシャやシクロとよばれる、自転車に客席がついた乗り物が使われています。車よりも小さいので、町なかのせまくて曲がりくねった道でもらくに走ることができるのです。オート・リキシャやトックトックという、自転車タクシーと車の中間のような、エンジンのついた乗り物もあります。

❖ 船

こみあう道路をさけるために、水路を使う人々もいます。海や川の近くの町では、みんなが足がわりに使うフェリーをよくみかけます。ギリシャには小さな島がたくさんあるため、島をいききするのにフェリーが使われています。イタリアのベネチアには車道がなく、かわりに運河が網の目のように走っています。この水の道を、ゴンドリエーレという船頭がこぐ、ゴンドラという長細い船で移動することができるのです。

ベトナム

ベトナムの都市は、どこにいっても人や車であふれています。そのうえ道がせまいので、学校や仕事のいきかえり、おつかいなどには二輪車や三輪車を使うのが便利。自転車、バイク、シクロ、セオムが道のあちこちを走っています。

セオムはバイクタクシー。お金をはらってバイクの後ろにまたがれば、運転手がいきたいところにつれていってくれる。

自転車は、空気をよごさない、地球にやさしい乗り物。

ふたりいっしょに移動するときには、シクロとよばれる自転車タクシーに乗る。

乗り物

ドイツ

ドイツでは高速列車であちこちの都市がむすばれているので、
移動するのがらく。大きな都市だけでなく、
町やそのまわりの地域も列車でつながっています。
毎日たくさんの人が列車で国内を移動しています。

ドイツ内の美しい場所を
選んで走る列車もある。

23

列車のシートは
すわりごこちがいい。
なかで食事ができる
列車もある。

大きな駅では、
列車が同時に
何本も到着し、
すぐに発車していく。

窓からの景色

窓からみえる景色は、ひとつひとつがちがっています。世界中の村や町や都市に、そこにしかない景色があるのです。高層ビルの高い高いところから都会をみおろす窓。緑ゆたかな景色がどこまでもひろがる窓。通りに面する窓からは、近所のにぎやかな毎日をのぞきみることができます。

❖ 庭の景色

イギリスは人口がそう多くないため土地によゆうがあり、村や町ではたいていの家に庭があります。家のかべを少しだけ切りとった四角形から、心やすまる景色をみることができるのです。

❖ 高層ビルの景色

香港は世界のどこよりも多くの高層ビルが立ちならぶ大都会です。高いビルの窓からみえるのは、青空を背に何百もの高層ビルが、大きな湾をぐるりとかこんで立つみごとな景色。中国の上海と、アラブ首長国連邦のドバイでも、たくさんの高層ビルが天をつくながめを楽しむことができます。世界一高いビル、ブルジュ・ハリファはドバイにあります。

屋上がつづく景色

エジプトに住んでいれば、屋上が連なる景色がみえるでしょう。エジプトの家の屋根はほとんどが平らで、屋根の上で洗濯ものをほしたり、日光浴したりできるのです。都会では屋根に緑ゆたかな庭をつくる人も多く、市内の高いところから屋根を見おろすと、おもってもみなかった風景にであえます。

べつの窓がある景色

建物がみっちりならぶにぎやかな都会に住んでいると、自分の家の窓の外に、べつの建物の窓がたくさんみえます。フィリピンのマニラは、世界でも人口密度の高い都市で、建物がすきまなく立っています。窓の外をのぞくと、向かいの会社の窓からいそがしく仕事をする人たちがみえたり、マンションの窓から人々のさまざまなくらしがみえたりします。

バングラデシュ

とうとうと流れるガンジス川のめぐみにより、バングラデシュは作物や家畜を育てるのに最高の地になっています。国の大部分は田畑や小さな村がある田園で、美しい木々におおわれた緑ゆたかな景色をみることができます。

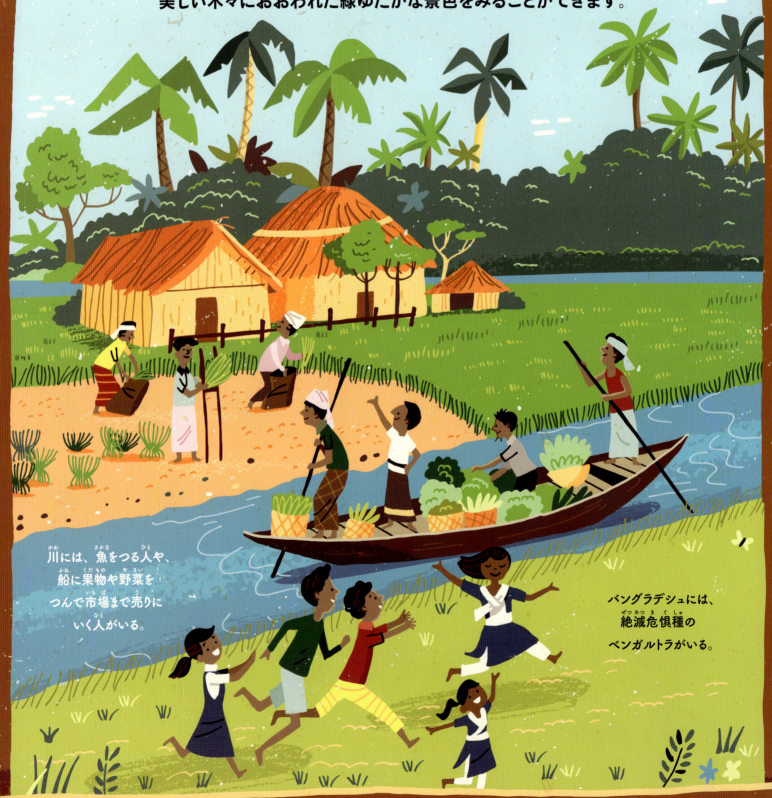

川には、魚をつる人や、船に果物や野菜をつんで市場まで売りにいく人がいる。

バングラデシュには、絶滅危惧種のベンガルトラがいる。

窓からの景色

オランダ

オランダの首都、アムステルダムは運河がはりめぐらされた美しい水の都市。たくさんのボートが運河をいききしています。ボートの上で食べ物や花を売っていることもあるし、ボートに住んでいる人までいるのです。

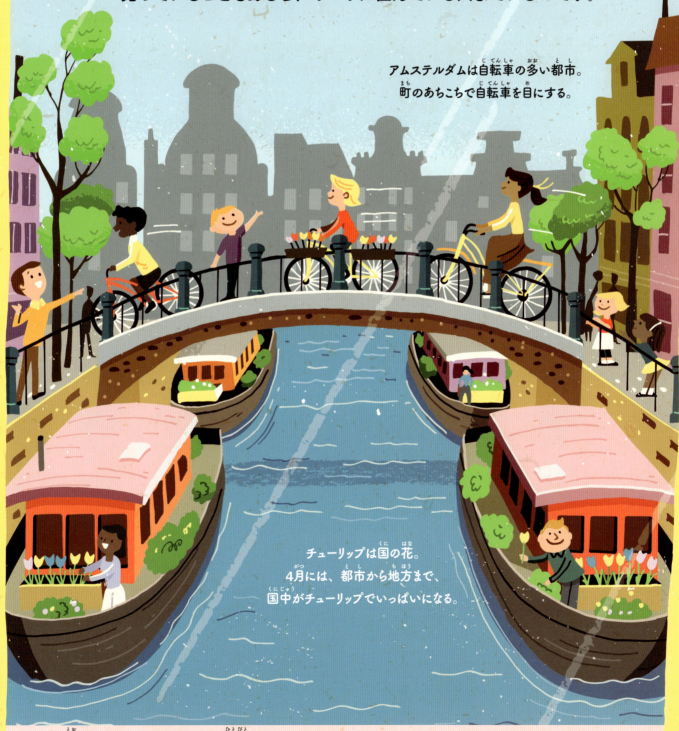

アムステルダムは自転車の多い都市。町のあちこちで自転車を目にする。

チューリップは国の花。4月には、都市から地方まで、国中がチューリップでいっぱいになる。

通りにはカフェがたくさんあり、人々がゆったりすわってコーヒーやあまいパン、それにキャラメルをはさんだうすいワッフル、ストロープワッフルをあじわいながら、にぎわう町をながめている。

文 スージー・レイ
スコットランド出身。現在はロンドンを中心として仕事をしている。恐竜からミッキーマウス、地理からスーパーヒーローまで、さまざまな分野の本を数多くてがける。

絵 グレッグ・パプロツキ
ネブラスカ大学で美術とグラフィックデザインを学ぶ。広告のアートディレクターをへてイラストレーター、本の装丁家となった。

訳 おおつか のりこ
福島県で生まれ育つ。訳書に『わたしのくらし 世界のくらし』（汐文社）、『モルモット・オルガの物語』（PHP研究所）などがある。やまねこ翻訳クラブ会員。

デザイン――小沼宏之（Gibbon）

Here and There by Susie Rae
First published in the UK by Weldon Owen
Copyright © 2018 Weldon Owen, An Imprint of Kings Road Publishing
Illustrated by Greg Paprocki
Written by Susie Rae
Original edition published in English under the title : Here and THere
Japanese translation rights arranged with Weldon Owen, An Imprint of KINGS ROAD PUBULISHING Ltd,London through Tuttle-Mori Agency,Inc.,Tokyo

世界あっちこっちくらし探検
世界の人々の文化を学ぼう

2018年12月　初版第1刷発行

文――スージー・レイ

絵――グレッグ・パプロツキ

訳――おおつか のりこ

発行者――小安宏幸

発行所――株式会社 汐文社
〒102-0071 東京都千代田区富士見1-6-1
TEL 03-6862-5200　FAX 03-6862-5202
http://www.choubunsha.com

印刷・製本――シナノ印刷株式会社

ISBN 978-4-8113-2534-7
乱丁・落丁本はお取り替えいたします。
ご意見・ご感想はread@choubunsha.comまでお寄せ下さい。